AF360105

BIBLIOTHÈQUE
DE LA
France Coloniale Moderne
publiée sous la direction de
Marcel RUEDEL

UN ÉTABLISSEMENT JAPONAIS EN CORÉE

Pou-san depuis le XVe siècle

PAR

M. Maurice COURANT

SOCIÉTÉ
DE L'ANNUAIRE COLONIAL
GALERIE D'ORLÉANS — PALAIS-ROYAL
PARIS, Ier

1904

Un établissement japonais en Corée

—

———

I

Pou-san (japonais Housan ou Fusan) est situé au sud-est de la Corée, en l'un des points le plus rapprochés du Japon ; de Pou-san à Tsousima on compte un peu plus de cinquante kilomètres ; du sud de Tsousima à Iki, cinquante kilomètres : du sud de Tsousima à la côte de Kyouchou, quatre-vingts kilomètres ; l'île japonaise de Tsousima est en vue de la terre japonaise et de la terre coréenne. Le port de Pou-san, fermé par l'île de Tjyel-yeng (Deer Island), médiocrement protégé et d'entrée étroite, est mieux approprié aux besoins des jonques qu'à ceux des bateaux à vapeur ; bien qu'entouré de collines, il communique facilement avec l'intérieur du pays ; à peu de distance à l'ouest s'ouvre l'embouchure du Rak-tong qui arrose la plus grande partie de la riche province de Kyeng-syang.

II

En 1443, le roi de Corée Syei-tjong fit une convention avec Sò Sadamori, seigneur de Tsousima. Suspendues pendant quatre-vingts ans, les relations pacifiques entre la Corée et le Japon avaient lentement repris à partir de 1367, encore interrompues par des descentes de pirates japonais et des expéditions navales coréennes. Le chôgoun Asikaga Yosimitsou, résidant à Kyôto, favorisa le commerce régulier avec la Corée et la Chine, il prit des mesures sévères contre la piraterie, envoya des missions en Chine (1401, 1403), obtint de la Cour de Nanking le titre de roi du Japon avec cent passes scellées à remettre aux jonques de commerce (1404, 1405) ; le même chôgoun et ses successeurs échangèrent avec Seoul des ambassades : ils demandèrent et obtinrent des livres bouddhiques, des produits de luxe, de l'ivoire. Les seigneurs de Tsousima avaient encouragé ces relations amicales et en avaient les premiers profité ; dès 1368, ils envoyèrent des présents à leurs voisins du continent et reçurent en retour 1000 kokou de riz (1). En 1419, à l'issue d'une campagne où les avantages avaient été partagés, l'idée s'était fait jour à Seoul de donner au seigneur de Tsousima une situation privilégiée, de faire de lui un intermédiaire avec le Japon, un gardien des côtes du sud-est. Toutefois la première entente formelle dont je trouve mention, fut purement commerciale, avec Kobayngawa Motsihira, d'Aki (sur la mer intérieure) qui obtint le droit d'envoyer tous les ans en Corée trois jonques de commerce (1440).

Par la convention de 1443, conclue avec l'agrément du chôgoun, le seigneur

(1) 1 kokou = 180 litres actuellement.

de Tsousima était autorisé à envoyer annuellement cinquante jonques pour exporter 20.000 kokou (1) de riz et de fèves ; il recevait un diplôme et un sceau officiels lui donnant pouvoir de délivrer des passes à tous les bateaux marchands se rendant en Corée ; les ports désignés pour le commerce étaient ceux de Yem-hpo (district de Oul-san), de Pou-san (district de Tong-rài), de Tjyei-hpo (district de Oung-tcbyen ; nommé aussi Nai-i-hpo). Yem-hpo est à environ 170 ri (68 kilomètres) au nord-est de Pou-san, Tjyei-hpo, à 130 ri (52 kilomètres) à l'ouest, de l'autre côté du Rak-tong (2). Je ne connais pas de mention plus ancienne de ces trois ports. Il est toutefois probable que l'auteur japonais (3), en résumant les textes, les trahit un peu et que, les Japonais fréquentant déjà quelques ports du sud à leurs risques et périls, la convention régularisa et garantit un état de choses existant. C'est ce qui résulte de la Relation des royaumes orientaux d'outre-mer (4) de Sin Syouk-tjyou ; ce personnage, né en 1417, était contemporain des faits et il

les dut bien connaître, puisque, après avoir rempli des missions au Japon (1443) et au Liao-tong, il parvint au poste de grand conseiller. Sin Syouk-tjyou dit que de 1409 à 1429 des relations ininterrompues existèrent entre la Corée et la maison Siboukawa, commandant en chef à Kyouchou ; à partir

(1) 200 syem seulement d'après les Coréens ; ce chiffre est beaucoup plus vraisemblable. 1 syem = 20 boisseaux, mal ; le boisseau officiel est de 3 litres 85 ; mais le petit boisseau de Séoul vaut 9 litres environ, le grand boisseau est presque double.

(2) Ces distances sont données d'après l'Atlas coréen de 1861 ; celle de Tjyei-hpo paraît un peu forte. Remarquer que Ma-san-hpo est sur la même baie que Tjyei-hpo, à 80 ri (32 kilom.) au nord-ouest.

(3) Gwai kô si kô. Histoire résumée des relations étrangères ; publication du Ministère des Affaires étrangères, Tôkyô 1884 ; 2 vol. petit in-8.

(4) Hài tong tjye kouk koui ; composé par ordre royal et présenté au roi en 1471 copie manuscrite japonaise de 1809, 2 vol. in-8.

de 1429, les seigneurs de Boungo, de la famille Otomo (1), envoyèrent des missions fréquentes. Le même auteur, dans la section Défenses au sujet des Trois Ports, ajoute qu'en 1436 le roi Syei-tjong écrivit à Sò Sadamori pour lui prescrire de rappeler tous ses sujets établis dans les Trois Ports ; on avait admis qu'ils vinssent pêcher et commercer, on les avait laissés séjourner provisoirement, mais leurs affaires terminées ils devaient retourner à Tsousima et ne pas faire d'établissements définitifs. Sadamori, d'après Sin Syouk-tjyou, tomba d'accord avec le gouvernement coréen ; celui-ci permit toutefois aux soixante personnes établies le plus anciennement de rester provisoirement. Un peu plus tard (1469), le roi Syei-tjo adressa les mêmes ordres au successeur de Sò Sadamori, mais sans plus d'effet. Un recensement des Japonais fait secrètement par les autorités coréennes (1466) donna les résultats suivants :

Tjyei-hpo	300 feux	1200 personnes
Pou-san	110 —	330 —
Yem-hpo	36 —	120 —

Dans les légendes des plans accompagnant la Relation des royaumes orientaux d'outre-mer et qui paraissent émaner du même auteur, on lit des chiffres différents.

Tjyei-hpo	308 feux	1722 personnes
Pou-san	66 —	323 —
Yem-hpo	36 —	131 —

Ces légendes sont datées de 1474.

Il semble donc établi qu'en ouvrant volontairement les Trois Ports au commerce japonais, le roi de Corée avait eu d'autre part la main forcée et avait dû tolérer la résidence habituelle de Japonais sur son territoire. Le gouvernement coréen ne persista pas moins dans sa politique accueillante ; de 1440 à 1477, les auteurs coréens et japonais mentionnent plus de soixante missions envoyées en Corée par divers seigneurs. Les plus fréquemment nommés, soit daimyò, soit vassaux des premiers, résident à Tsousima, à Iki, en Hizen, en Tsikougo (n.-o. de Kyouchou et îles avoisinantes), également en Nagato, Isimi, Souò (extrémité o. de Honchou) ; les seigneurs du Boungo et du Satsouma (Kyouchou) paraissent moins souvent ; mais on trouve des missions originaires d'Awa (e. de Sikokou), de Harima et de Séttsou (extrémité orientale de la mer intérieure), d'Isé (sur le grand océan, à l'est de Kyòto), d'Oki, de Hòki, d'Inaba, de Wakasa (sur la mer du Japon jusqu'au nord de Kyòto), enfin même de Sinano (dans l'intérieur des terres, peu à l'ouest de Tòkyò). Très nombreux sont les envoyés des hauts fonctionnaires qui entourent la Cour impériale et résident soit à Kyòto, soit dans les pro-

(1) Faute du caractère o avec accent circonflexe en majuscule, il est imposssible de faire dans cet article la distinction très importante en japonais de o bref et o long, dans Otomo, o initial est long.

vinces, c'est-à dire des chôgoun Asikaga, et des maisons Hatakéyama, Hôso-kawa, Yamana, Kyôgokou, Chôni. Des missions fréquentes proviennent aussi des seigneurs ecclésiastiques de Kyôto et des provinces. A partir de 1467, pendant quelques années, les jonques japonaises se multiplient en Corée ; c'est l'époque des troubles de O-nin (1), le Japon est ravagé par la guerre civile, la disette suit ; tous les seigneurs côtiers cherchent à tirer de la Corée quelque subsistance.

Les conventions qui ont été conservées. sont en effet toutes analogues ; tel seigneur obtient du gouvernement coréen l'autorisation d'envoyer tous les ans quelques jonques et d'exporter une quantité fixée de grain. La plupart des seigneurs ont droit à une, deux ou trois jonques et à dix, quinze ou vingt syem de riz et fèves ; les plus importants sont autorisés pour sept jonques. La convention de 1443 avec les Sô de Tsousima, renouvelée et pré-cisée en 1467 et 1473, reste unique en son genre.

Des missions qui ont établi un trafic annuel, il faut distinguer celles qui, avec les documents dont nous disposons, semblent sans lendemain : un grand nombre sont venues au nom de tel seigneur apporter des présents, en ont reçu en retour et n'ont pas établi d'échanges réguliers. Ainsi, en 1470, Ma-satsika, seigneur d'Isé, fit un présent important de produits japonais et reçut 1000 pièces d'étoffe de coton, 1000 pièces d'étoffe de chanvre, 500 syem de riz. Dans ces occasions, le Japon envoie des produits naturels non spécifiés, une fois 500 livres de cuivre (2) ; les envoyés des chôgoun portent en outre des éventails ornés de dessins, des paravents peints et dorés, des objets en laque, des sabres ciselés et enrichis d'or. La Corée donne en abondance des objets fabriqués, des livres boudhiques, volumes imprimés et planches d'impres-sion, des instruments de musique et des lanternes, une clepsydre, des mé-dicaments préparés, des nattes à dessins, des étoffes de tous genres (soie, ortie, chanvre, coton), des broderies, des sapèques (probablement pour être mises telles quelles en circulation) ; comme produits naturels, du miel, du poivre, du jen-chen, des graines de pin, des peaux de panthère.

Non content de ces relations commerciales, le gouvernement coréen était assez libéral pour prendre à son service des Japonais. Déjà la remise de sceaux officiels au seigneur de Tsousima et à un grand nombre d'autres sei-gneurs impliquait vraisemblablement, aux yeux de la Cour de Seoul, la reconnaissance d'une certaine dépendance de la part des récipiendaires : et encore en 1581, le roi envoya un sceau de cuivre au daizen-daihou, Kyôgo-kou Harouhiro. qui lui avait fait parvenir des présents. Mais de façon plus précise, Sin Syouk-tjyou mentionne vingt-sept Japonais (sept du Boungo-Tsi-kougo, sept de Tsousima, quatre d'Iki) qui ont reçu un grade militaire plus ou moins élevé ; quelques-uns semblent avoir servi à Seoul même ; deux étaient dans une situation plus complexe, puisque, vassaux des Otomo (3) de Boungo, ils parurent en Corée comme représentants du roi des Ryoukyou et reçurent des charges coréennes.

(1) O loug.

(2) 1 livre japonaise = 601 gr. (actuellement).

(3) O lo g.

III

Le règlement des Trois Ports résulte de la convention de 1443 et des décisions de l'autorité coréenne. La convention telle qu'elle est conservée dans les recueils officiels coréens (1), comprend deux articles.

« 1ᵉ En ce qui concerne le seigneur de l'île, tous les ans on lui remettra en « riz et fèves 200 syem. 2ᵉ Tous les ans seront envoyées 50 jonques ; s'il y a « quelque affaire dont il soit indispensable de faire part, en dehors du nom- « bre fixé seront envoyées spécialement des jonques ».

L'ouvrage de Sin Syouk-tjyou indique les règles alors appliquées, dont je traduis l'essentiel.

« Nombre fixé des jonques des envoyés.

« S'il vient des envoyés du roi [chôgoun] ou des daimyô, ces envoyés sont « traités et entretenus [par les autorités coréennes].— Le seigneur de Tsousima « envoie par an 50 jonques ; si pour quelque cause il envoie des jonques « spéciales, elles sont appelées *htenk song* (pas de nombre fixé). — Parmi les « seigneurs de toutes les provinces, les uns envoient une ou deux jonques « par an (présentement 40 seigneurs dans les diverses provinces) ; les autres « envoient une seule jonque (présentement 27 seigneurs dans les diverses « provinces) ; pour tous il y a des conventions conclues. Si outre ceux-là « des seigneurs veulent se rendre à la Cour pour quelque affaire, ou veulent « envoyer une mission, toujours quand ils se présentent, on demande les « ordres du roi pour les recevoir. — Tous ceux qui ont reçu des charges co-« réennes, doivent se rendre à la Cour chaque année, sans pouvoir envoyer « de représentant. — Pour les envoyés du roi [chôgoun], le règlement admet « une jonque supplémentaire, ou même trois jonques [en tout] ; pour les « envoyés des daimyô, on admet seulement une jonque supplémentaire : « pour tous les autres, une seule jonque. — Tous les envoyés reçoivent une « passe du seigneur de Tsousima (2) et seulement après ils peuvent venir. »

« Règlement pour les envoyés.

« Pour traiter les envoyés dans les hôtels officiels, il y a quatre classes. « Les envoyés du roi [chôgoun] sont d'une classe. — Les envoyés des daimyô « sont d'une classe (les Hatakéyama, Hosokawa, Commandant de gauche, « Kyôgokou, Yamana, Ooutsi (3), Chôni sont les maisons de daimyô. — Les « envoyés du Commandant en chef de Kyouchou, du seigneur de Tsousima « avec les envoyés en jonques spéciales, sont d'une classe. — Les envoyés des « autres seigneurs, les sujets de Tsousima, les personnes qui ont des « charges coréennes, sont d'une classe. »

« Nombre fixé des matelots sur les jonques des envoyés, grandes et petites.

« Il y a trois catégories de jonques. À 25 pieds et au-dessous, ce sont les

(1) Htong moun koan tji, Historique de la Cour des Interprètes ; publication officielle (1720) ; dernière édition complétée 1882 et 1889. Séoul, 6 vol. in-folio.

Tong moun ko ryak, Choix de documents relatifs aux rapports avec la Chine et le Japon ; publication officielle. Séoul, 1850, 16 vol. in-folio.

(2) L'intervention de ce daimyô est souvent rappelée dans l'historique de Sin Syouk-tjyou ; Sadakouni, seigneur vers 1467-1473, recommanda à la Cour un grand nombre de missions japonaises.

(3) O long (l'o initial).

« petites jonques ; à 26 ou 27 pieds, ce sont les jonques moyennes ; à 28, 29 et
« 30 pieds, ce sont les grandes jonques. Les matelots sont au nombre de 40
« sur les grandes jonques, 30 sur les moyennes, 20 sur les petites : tels sont
« les nombres fixés. A l'arrivée des envoyés, le man-ho commandant des
« Trois Ports et le mandarin représentant la Cour mesurent les jonques et
« pointent les noms et le nombre des matelots. Ceux-ci même étant plus
« nombreux, on ne peut [pour la distribution des provisions] dépasser le
« nombre fixé ; s'ils sont en nombre inférieur, on donne les provisions d'après
« le pointage. Il arrivait que des Japonais fixés dans les Trois Ports se fai-
« saient passer pour matelots et prenaient part aux distributions ; cette fraude
« augmentant de jour en jour. un décret récent a décidé de mesurer les jon-
« ques et a fixé le nombre des matelots d'après les trois classes. Lors de la
« distribution, on ne fait pas de nouveau pointage. — Pour les envoyés du roi
« [chôgoun], on ne mesure pas les jonques et on ne pointe pas l'équipage ; on
« se conforme au nombre qui apparaît, pour avertir les autorités et faire les
« distributions. »

« Délivrance des sceaux ».

« Comment les envoyés sont reçus à l'arrivée et reconduits au départ ».

« Entretien [des envoyés] dans les Trois Ports.

[Les envoyés sont traités d'après leur rang ; les plus importants sont nour-
ris ; l'abondance et la variété des mets qui leur sont fournis, sont fixées par
règlement ; les envoyés moins importants, les escortes et équipages, reçoivent des vivres non préparés].

« Entrée dans les Trois Ports.

« Sur les 50 jonques envoyées annuellement de Tsousima, 25 entrent à
« Nai-i-hpo, 25 à Pou-san-hpo ; tous les autres envoyés entrent à leur gré
dans l'un des Trois Ports ».

« Nombre des membres des missions qui se rendent à la Capitale ».

« Banquets offerts dans les Trois Ports ».

« Banquets offerts en route » [banquets et rites divers].

« Présents réglementaires aux envoyés ».

« Présents spéciaux ».

« Durée fixée de séjour dans les Trois Ports.

« Pour les envoyés du roi (chôgoun] il n'y a pas de durée limitée. — Pour
« les envoyés des daimyô, après la remise de la passe de Tsousima, quinze
« jours ; à partir du retour dans le port, vingt jours. A ceux qui restent
« intentionnellement au-delà des limites, on ne donne pas de provisions.
« S'ils tombent malades, on leur continue le traitement d'envoyé et on
« délègue [des médecins pour les soigner ?] » etc.

« Fourniture d'agrès et de matériel pour réparations ».

« Dimensions des armatures [clous en fer] des jonques japonaises ».

« Itinéraires jusqu'à la Capitale [par terre et par mer] ».

« Provisions pour la traversée » [jusqu'à Tsousima, Iki et Kyouchou].

« Distributions des provisions ».

« Rites des banquets en province ».

« Rites des banquets au Ministère des Rites ».

« Défenses au sujet des Trois Ports ».

J'ai résumé plus haut la plus grande partie de cette section. La dernière
phrase est la suivante :

« D'après les anciennes conventions, il est sévèrement interdit que les
« marchands entrent secrètement en rapports avec les Japonais établis à
« titre définitif, que l'on noue [des intelligences] et que l'on raccole [des gens]
« pour une cause quelconque, que les Japonais restent intentionnellement
« après conclusion de leurs affaires commerciales ».

Cette clause manque de clarté : s'agit-il des marchands coréens ou des
marchands japonais ? mais elle est intéressante puisqu'elle révèle l'existence
(en 1471) d'anciennes conventions : elle se référait peut-être à une convention antérieure à celle de 1443 encore en vigueur.

« Défenses au sujet de la pêche.

« Les pêcheurs de Tsousima reçoivent du seigneur une passe scellée ; à
« Tji-syci-hpo ils remettent leur passe au man-ho qui l'échange contre une
« autre. Ils ne sont pas autorisés à aller hors des points fixés de l'île de Ko-
« tcho. Au retour après la pêche finie, ils rendent au man-ho la passe et
« remettent le poisson [qui tient lieu] des droits. Le man-ho apostille et
« scelle la passe délivrée par le seigneur de Tsousima afin de servir de
« preuve. Les jonques dépourvues de passe, celles qui, sous prétexte du
« mauvais temps et renfermant des armes cachées, vont accoster aux îles ou à
« la côte, sont traitées comme jonques de pirates ».

Les Trois Ports renferment ainsi trois éléments commerçants japonais :
les Japonais établis à demeure, les marchands venant pour leurs affaires et
repartant ensuite, les envoyés seigneuriaux. Je ne parle ni des pêcheurs, puisqu'ils appartenaient à l'une des deux premières catégories, ni des pirates
qui ne leur étaient peut-être pas étrangers.

Les missions des seigneurs japonais avaient toujours pour but un échange
de présents, il s'agissait d'obtenir en place de denrées importées d'autres
denrées, c'est-à-dire de faire le trafic. L'auteur japonais du Gwai kô si kô
parle toujours de conventions passées pour l'exportation annuelle de tant
de kokou de grains ; la Corée, à ce moment forte et bien défendue, n'avait
aucune raison de conclure plus de soixante conventions analogues, sinon
pour des échanges profitables. Dans le Hài tong tjye kouk keui, l'auteur
coréen insiste sur le côté rituel et de courtoisie de ces missions ; il dit toutefois en propres termes, à propos de l'ambassade du seigneur d'Isé Masatsika (1470) : « Les produits offerts par lui étant abondants, et comme de plus
« Masatsika est le premier des écuyers du roi [chôgoun].... on lui remit, etc. »
Le Ko sà tchoal yo (1) rédigé au siècle suivant, rapporte que d'abord on par-
lait seulement de présents ; mais en 1501, pour la première fois, dans la liste
des envois du roi [chôgoun], furent employés les termes « vendre des objets »;
ni cette fois, ni en 1504, le gouvernement coréen ne releva l'expression ;
enfin après les troubles de 1510, dont je parlerai tout à l'heure, quand il
s'agit de rétablir les relations, la liste des envois du roi [chôgoun] contenait
l'expression « commercer », ces envois étaient très abondants ce qui devenait onéreux pour la Corée ; toutefois, la Cour préféra ne pas soulever une
discussion sur un point secondaire. Il fut dès lors expressément admis, et
non plus seulement de manière implicite, que le gouvernement coréen com-
merçait avec les seigneurs japonais ; de plus en plus aussi, les envoyés

(1) Ko sà tchoal yo, Notes prises sur les affaires ; ouvrage rédigé en 1551 par E.
Syouk-kouen, complété jusqu'en 1585. 1 vol. in-folio. Seoul 1585 (?).

commerciaux japonais se montrèrent difficiles à propos des denrées qu'on leur remettait.

Les envoyés, ajoutent les Notes prises sur les affaires, ne se faisaient pas faute de commercer pour leur propre compte. Envoyé principal et envoyé en second, capitaines des jonques, fonctionnaires d'escorte, faisaient hommage au roi de « présents respectueux » et, sans règle établie, étaient dédommagés en proportion de la valeur. L'abondance de ces présents devint un tel embarras que le Ministère du Cens (1494) obtint du roi Syeng-tjong l'ordre de faire avertir les envoyés que ces présents de personnes privées n'étaient pas conformes aux rites ; on devait donc les refuser. Pendant quelques années, on entendit moins parler des Japonais ; mais en 1501 une mission du roi (chôgoun) reparut et avoua qu'il s'agissait d'échanges commerciaux.

À côté de ces personnages officiels, il y avait des marchands qui repartaient, leurs affaires terminées. L'existence de marchands japonais qui faisaient des affaires en Corée et aux Ryoukyou, qui étaient chargés occasionnellement de missions diplomatiques, qui s'enrichissaient, qui obtenaient des titres, est indiquée par Sin Syouk-tjyou dans quelques passages. Les règlements cités plus haut y font peut-être allusion. Pour une période qui n'est pas précisée, mais qui est antérieure à 1592 et probablement postérieure à 1501, l'Historique de la Cour des Interprètes renferme quelques indications. Pour les marchandises privées des Japonais, on permit d'abord d'ouvrir un marché pour y faire affaire avec les marchands du pays ; jusqu'en 1592, le marché avait lieu trois fois par mois, les 3, 13 et 23 de la lune ; à partir de 1610, il y eut six marchés par mois, et encore des marchés spéciaux ouverts sur le désir des Japonais quand ils avaient abondance de denrées. Les transactions n'étaient pas libres : les marchands coréens qui avaient des produits à échanger, recevaient de la préfecture de Tong-räi une fiche individuelle, les autorisant à se rendre à la concession japonaise où les fonctionnaires coréens assistaient aux échanges, examinaient les produits coréens et japonais exposés et en tenaient registre pour faire payer les droits ; les marchands coréens entraient tous ensemble, se prosternaient devant les surveillants, procédaient au troc suivant l'ordre du tableau et se retiraient tous ensemble. Toute tentative de traiter à part était sévèrement punie. Ces règles sont celles du XVIIe siècle ; mais il ne semble pas qu'il y ait d'innovation sur ce point ; dès le XVe siècle, les relations entre particuliers coréens et japonais étaient surveillées. Ce fut au contraire une nouveauté, peut-être inspirée des exemples chinois, que d'instituer (1691), une corporation de trente marchands coréens ayant le privilège et la responsabilité du commerce japonais ; ces marchands firent vite de mauvaises affaires, disparurent, ne purent être remplacés : la corporation fut supprimée (1708).

Les faits relatifs au commerce privé sont si rares que j'ai préféré les réunir, même en m'éloignant du XVe et du XVIe siècle. À cette époque, les Japonais établis à demeure dans les Trois Ports étaient assez nombreux ; je n'ai trouvé relativement à eux presque d'autre renseignement que leur nombre ; étaient-ils pêcheurs ou marchands ? Il y avait sans doute des uns et des autres. Quels étaient leurs rapports habituels avec le peuple et avec les fonctionnaires coréens ? Je ne sais. Il semble qu'ils payaient des impôts au gouvernement coréen. Ils restaient dans une certaine mesure soumis aux autorités japonaises : en 1460, un Japonais de marque, appelé par Sin Syouk-tjyou Hpi-ko-ye-moun (peut-être Hikoémon) reçut du gouvernement coréen un sceau et le titre d'administrateur général des résidents japonais des Trois Ports. Hikoémon était de Tsousima. C'est aussi un homme de Tsousima, Sô Kouniyouki, que le seigneur envoie en 1471 inspecter les Trois Ports. La Cour de Seoul avait dès le début institué des fonctionnaires spéciaux, houn-to. c'est-à-dire instructeurs. à Tjyei-hpo et à Pou-san ; on trouve aussi mention du man-ho (fonction militaire) commandant les Trois Ports et un peu plus tard du tchyem-sà (fonction militaire) de Tjyei-hpo. Ces mandarins devaient surveiller les résidents japonais et recevoir les envoyés ; des mandarins interprètes et même, pour les envoyés du chògoun, des mandarins plus élevés étaient délégués de Seoul pour recevoir les missions, les mener jusqu'à Seoul et les reconduire au port. A la Capitale, les envoyés japonais logeaient dans un hôtel spécial, le Tong-hpyeng-koan qui fut incendié en 1592 et qui a laissé son nom au lieu dit Yei-koan-kol. Dans les ports ils étaient hébergés dans l'hôtel officiel, kàik-koan, et y recevaient la visite des autorités, y prenaient part aux banquets qui leur étaient offerts. Les plans des Trois Ports joints à l'ouvrage de Sin Syouk-tjyou indiquent tous trois un oa-koan, hôtel des Japonais, situé à proximité du camp ; le oa-koan de Pou-san paraît être dans les environs du village coréen actuel ; celui de Yem-hpo est dans un terrain limité par une colline et par deux murailles fortifiées. De plus la section Défenses relatives aux Trois Ports. du même mémoire, rappelant les faits antérieurs à 1436, s'exprime ainsi : « Les gens de Tsousima « avaient demandé à venir demeurer provisoirement dans les Trois Ports « pour s'y livrer au commerce et à la pêche ; pour leur séjour et pour leurs « relations [d'affaires], il y avait des endroits fixés qu'ils ne pouvaient dépas-« ser ». Rien n'indique que ces mesures restrictives aient été supprimées en 1443 ; il semble probable que les oa-koan des plans de Sin Syouk-tjyou étaient les kàik-koan réservés aux envoyés et servaient de centre aux *concessions* japonaises ; cette opinion est confirmée par le Ye ti seung ram (1.)

IV

Les rapports pacifiques que j'ai décrits ne restèrent pas longtemps sans nuages. Dès les premières années du XVIe siècle, les pirateries recommencèrent (1506, 1507, 1508) favorisées par l'anarchie du Japon ; plusieurs missions coréennes envoyées à Tsousima n'obtinrent pas satisfaction de la mauvaise volonté ou de la faiblesse du seigneur. Le commandant de Pou-san, Ri Ou-tjeung fit alors (1510) fouetter les Japonais de sa circonscription. L'acte semblera peut-être moins injuste si l'on songe à la cohésion connue des Asiatiques de même nationalité, de même province, et aux relations que les

(1) Tong kouk ye ti seung ram, Géographie complète de la Corée, composée par ordre royal par Ro Sà-sin et Sye Ke-tjyeng (1478), réédition augmentée par Ri Hàing (1530). 25 vol. in-folio, Seoul, 1530. A propos de Tjyei-hpo, cet ouvrage dit : « Les Japonais de Tsousima avaient demandé à transporter leurs habitations de-« vant le koan (lieu où l'on entretenait les envoyés japonais) sur le bord de la « mer ; peu à peu ils s'y propagèrent et dépassèrent le nombre de cinq cents « feux ». Voir aussi liv. 22, 23 et 32 (Oul-san, Tong-rài, Oung-tchyen).

pirates ne manquent pas d'entretenir avec les paisibles commerçants de terre ferme ; les châtiments appliqués au Japon étaient d'ailleurs plus rigoureux que ceux de la législation coréenne. Les mesures défensives du commandant étant insuffisantes, l'effet fut fâcheux ; les résidents japonais de Pou-san surprirent au milieu de la nuit le camp coréen, massacrèrent les officiers, puis se joignirent à ceux de Tjyei-hpo, prirent aussi la ville de Oung-tchyen ; les révoltés s'enfuirent ensuite sur leurs bateaux ; la colonie de Yem-hpo s'était réfugiée à Tsousima à la première nouvelle des troubles. Une mission fut envoyée l'année suivante par le chôgoun Yositané et par le seigneur de Tsousima pour rétablir les relations ; l'envoyé, le bonze Hô-djou, rapporta comme réponse que le châtiment des criminels devait précéder toutes négociations. Le bonze étant revenu avec les têtes des coupables, un nouveau traité fut conclu (1512) ; les Japonais eurent interdiction de résider dans les Trois Ports et le gouvernement coréen se borna à rouvrir à Tjyei-hpo l'hôtel des envoyés. L'interdiction de résidence ne fut pas observée, puisque des faits analogues se reproduisirent bientôt (1541) : à la suite d'une rixe à Tjyei-hpo, les Japonais furent expulsés ; le chôgoun Yosiharou livra de lui-même les coupables, un haut fonctionnaire coréen, Kim An-kouk, fut envoyé à Tsousima pour discuter un arrangement, il devait se refuser au rétablissement de toute colonie japonaise ; on finit toutefois par tomber d'accord sur la suppression définitive de la concession de Tjyei-hpo et sur l'établissement à Pou-san de l'hôtel des envoyés (1543). Cet hôtel devint sans tarder le centre d'un nouveau groupement des insulaires.

La convention de 1512 réglait les relations officielles. « Pour le seigneur de « Tsousima, on lui remettra tous les ans 100 syem de riz et fèves au lieu de « 200 syem. — Les détenteurs de sceaux et les personnages investis de char- « ges coréennes ne seront pas entretenus [aux frais du gouvernement]. — Le « seigneur de Tsousima enverra chaque année 25 jonques au lieu de 50 ; savoir « 9 grandes jonques à 40 hommes d'équipage, 8 jonques moyennes à 30 hom- « mes, 8 petites jonques à 20 hommes. — Les jonques spéciales hteuk song « sont supprimées ; s'il y a quelque affaire, on profitera de la mission an- « nuelle pour en faire part. — Le fils du seigneur de Tsousima, Sô Kouma- « mitsou, enverra chaque année trois jonques ; la taille n'en est pas fixée. — « Le neveu du seigneur de Tsousima, Sô Morioudzi [a droit à] une jonque. « — Chaque personnage revêtu d'une charge coréenne a droit d'envoyer une « jonque par an ; [pour les missions de ce genre et pour les missions inférieu- « res] de chaque jonque un seul représentant a droit d'aller à la Capitale » (1).

Plusieurs clauses de la convention manifestent chez le gouvernement coréen le désir de restreindre les rapports avec l'étranger. La classe commerçante était, autant que l'on peut savoir, peu développée, les Japonais de l'ouest, encore très rudes, n'avaient pas de produits qui fissent défaut en Corée ; avec ceux des provinces centrales plus civilisées, il n'y avait pas d'échanges réguliers ; les exigences des envoyés seigneuriaux chargés du trafic, la turbulence des insulaires causaient des ennuis sans fin. La Cour tâchait donc d'espacer les rapports avec ces voisins incommodes ; mais elle n'avait pas le courage d'adopter une ligne de conduite. Elle se plaignait au chôgoun de la négligence apportée par le seigneur de Tsousima à la répression des

____

(1) Ce dernier article est peu clair en chinois.

pirates ; de fait, la piraterie redoublait en 1552, 1553, 1555 ; les provinces du sud étaient ravagées, on en vint à de véritables combats navals. Peut-être le seigneur de Tsousima ne pouvait-il pas grand'chose à ces désordres résultant de l'anarchie de tout l'Empire. Mais, tout en l'accusant, le gouvernement coréen lui accordait en même temps cinq jonques annuelles de plus (1565). Ainsi encouragés, les Japonais demandèrent qu'on en revînt aux 50 jonques de la convention de 1443 (1581) ; ils voulurent qu'on rouvrît Tjyei-hpo (1567, 1581) ; sur ces deux points, ils essuyèrent un refus. Le pouvoir royal fléchissait depuis le début du XVIe siècle, la noblesse s'absorbait de plus en plus dans les affaires intérieures, dans les luttes de partis ; on avait presque renoncé à envoyer des ambassades au Japon, même à Tsousima, les fonctionnaires coréens craignant la mer : la rareté des relations officielles ne supprimait ni les résidents de Pou-san ni les pirates, excluait toute chance de cordialité, toute possibilité d'entente pour régler les questions communes. Des mandarins plus clairvoyants essayaient de revenir aux traditions du XVe siècle ; Ryou Syeng-ryong, ministre des Rites, faisait envoyer des présents et un sceau officiel à Kyôgokou Harouhiro (1581, 1584).

Pour n'être pas pleinement satisfaisante, la situation n'était cependant pas tendue et ce ne sont des motifs ni économiques (1), ni de dignité nationale qui décidèrent la guerre. Si le taikô Hidéyosi eut une idée politique en cette circonstance, ce fut sans doute le désir de rejeter du Japon les bandes féodales qui entravaient son œuvre de réorganisation ; mais il y eut peut-être encore davantage la vanité d'un homme de classe inférieure parvenu à la plus haute dignité de l'Empire, grisé par le succès et par le pouvoir. Les ambassadeurs du taikô réclamèrent à Seoul le tribut que la Corée n'avait pas envoyé depuis 774-775, demandèrent l'appui des troupes coréennes et le passage à travers la péninsule pour aller soumettre la Chine. Un célèbre écrivain japonais postérieur, Kaïbara Atsounobou, a sévèrement jugé la politique du taikô. Il n'entre pas dans mon plan de conter la double invasion des Japonais (1592, 1597) : débarquant à Pou-san, ceux-ci, rompus à la guerre et munis d'armes à feu, arrivèrent la première fois avec une rapidité foudroyante jusqu'à Hpyeng-yang et dans le nord du Ham-kyeng to ; mais dès 1593, ils furent rejetés au sud, malgré les fautes et les dissensions du gouvernement coréen, grâce au secours de la Chine, grâce à l'énergie d'une partie des mandarins, grâce à la levée en masse de toute la population, y compris les bonzes ; la seconde armée fut arrêtée avant Seoul et repoussée vers Pou-san où elle était serrée de près, quand la mort de Hidéyosi détermina son rappel (octobre-novembre 1598). La guerre avait été conduite avec la sauvagerie de l'époque ; ses ruines et ses massacres ne sont pas encore oubliés des Coréens.

La Corée ruinée était si peu abattue que jusqu'en 1602 elle se refusa à tous pourparlers de paix, malgré les avances de Sô Yositosi. Après de longues négociations avec ce dernier, une ambassade coréenne se rendit à Edo (1607) et remit au roi (le chôgoun Hidétada) une lettre du roi de Corée ; l'année suivante, la réponse fut portée par le bonze Genso qui avait été employé dans les négociations depuis 1588 ; les lettres, bien loin d'admettre la vassalité

---

(1) Tsousima était de tout le Japon la seigneurie la plus intéressée dans le commerce de Corée ; le seigneur de Tsousima, Sô Yositosi, s'employa activement à maintenir la paix (1589-1591).

coréenne, étaient rédigées en termes supposant l'égalité des deux correspondants. En 1609, une nouvelle convention régla les rapports avec Tsousima ; elle est dominée par la méfiance à l'égard des Japonais et leur accorde moins d'avantages encore que celle de 1512 : la politique du taikô avait pour résultat la fermeture presque complète de la Corée.

V.

Je ne puis donner ici la traduction de cette convention en 13 articles dont la rédaction ressemble à celle des conventions précédentes (1) ; je préfère examiner d'après cette convention et d'après les règlements qui furent appliqués, la situation du port de Pou-san et l'état des rapports entre les deux pays.

Pou-san (2) restait seul accessible et c'est là que débarquaient tous les Japonais, c'est de là que partaient les envoyés coréens. Les ambassades coréennes étaient purement rituelles ; elles allaient à Édo porter au chôgoun les félicitations ou les condoléances du roi ; plusieurs fois elles poursuivirent jusqu'à Nikkwô pour offrir des sacrifices sur la tombe de Ihéyasou, le premier des Tokougawa ; elles étaient reçues avec les plus grands honneurs (3) ; comprenant un personnel très nombreux (de 350 à 400 personnes) elle devinrent à charge au gouvernement japonais qui, à partir de 1811, les fit recevoir à Tsousima même. Les missions près du seigneur de Tsousima étaient plus fréquentes, presque toujours aussi de nature rituelle ; la qualité des envoyés variait avec la destination de l'ambassade. C'est seulement de Tsousima qu'étaient expédiées les missions japonaises, les plus fréquentes pour présenter des félicitations, des condoléances au gouvernement coréen, pour annoncer l'avènement, la mort ou la naissance d'un chôgoun, d'un seigneur de Tsousima, d'un héritier présomptif ; quelques-unes étaient chargées de traiter une question litigieuse, ou avaient un but politique : c'est ainsi qu'au XVIIᵉ siècle le Japon s'efforça de convertir la Corée à ses plans xénophobes et antichrétiens et s'informa à diverses reprises de l'état interne de la Chine (chute des Ming, révolte de Wou San-kwei). En toutes circonstances, les missions japonaises venaient du seigneur de Tsousima, communiquant en son nom ou au nom du gouvernement de Édo ; les lettres étaient adressées par ce seigneur au directeur ou au sous-directeur du ministère des Rites qu'il traitait en égaux. Depuis la guerre, les relations directes entre la Corée d'une part, le chôgoun et les daimyô d'autre part étaient supprimées.

(1) Le système des passes délivrées par le seigneur de Tsousima subsistait ; les catégories de jonques, le nombre d'hommes d'équipage sont les mêmes ; j'indique ci-dessous surtout les innovations.

(2) Une tradition parle pour une époque indéterminée d'un établissement japonais dans l'île de Tjyel-yeng en rade de Pou-san ; d'autre part le Tong kouk ye ti seung ram indique (en 1530) Tcho-ryang-hang dont je parlerai plus loin, comme situé sur l'île de Tjyel-yeng. Il y a là une confusion difficile à débrouiller.

(3) L'autobiographie de Araï Hakouséki (G. W. *Knox, Transactions Asiat. Soc. Japan*, vol. XXX, p. 89 ; Tôkyô, 1902) donne des détails circonstanciés sur l'ambassade de 1711 ; Araï réduisit les honneurs rendus aux envoyés, mais en 1719, on revint aux anciens précédents. D'après le détail des cérémonies, le roi de Corée était tenu pour au moins égal au chôgoun. Voir Htong moun koan tji, liv. 6.

Les missions diplomatiques de Tsousima étaient de deux classes suivant qu'elles venaient au nom du seigneur ou pour transmettre une communication du chôgoun ; les premières (tai tchài oa) comprenaient près de quatre-vingts personnes,elles étaient reçues par des fonctionnaires de rang élevé délégués du gouvernement central; les secondes (tchài oa), moins nombreuses, une cinquantaine de personnes, parfois davantage, étaient reçues au nom du gouverneur du Kyeng-syang to ; dans les deux cas les fonctionnaires délégués étaient assistés d'interprètes qui appartenaient à la Cour des Interprètes existant à Seoul. Les envoyés japonais n'étaient plus jamais autorisés à monter à la Capitale ; un seul Japonais fut l'objet d'une exception, ce fut le bonze Gembô, chargé d'une mission secrète après la première invasion mantchoue (1629). Jusqu'en 1635, les missions n'étaient pas traitées aux frais du trésor, les communications du Japon devant être faites à l'occasion seulement des missions commerciales annuelles (art. 4 de la convention de 1609.) (En 1635, la falsification de lettres officielles par les envoyés japonais,Yanagawa Tsougouoki et le bronze Gembô, amena une enquête et des relations plus fréquentes avec le Japon ; la Corée reprit alors à sa charge l'entretien des envoyés diplomatiques pendant leur séjour : mais ce fut, dit l'Historique de la Cour des Interprètes, la source de dépenses sans fin. La durée du séjour des envoyés était limitée à cinquante-cinq jours, sauf pour les missions d'affaires où aucun délai n'était fixé. Les envoyés restaient enfermés dans la concession des Japonais ; c'est là qu'ils prenaient part aux banquets rituels présidés par les mandarins de Pou-san et par les délégués du gouvernement. Ils ne sortaient, semble-t-il, qu'une seule fois de la concession pour aller se prosterner devant la tablette royale érigée dans une salle spéciale (kàik-sya) : Genso et Yanagawa Kagénaho, les négociateurs de 1609, avaient demandé que cette cérémonie tint lieu du moins des audiences supprimées ; les envoyés restaient dans la cour et ne pouvaient pénétrer dans la salle même ; par égard pour eux, le gouvernement finit par permettre (après 1637) qu'on établît un plancher dans la cour.

Les ambassadeurs coréens et japonais étaient toujours chargés de porter des présents et en recevaient en retour de valeur équivalente ; la nature et la quantité étaient fixées par l'usage. Les termes employés pour désigner les présents et la liste jointe (pyel-pok, pong-tjin) impliquaient l'égalité du donateur et du donataire. Avant 1632, les seigneurs de Tsousima usaient de l'expression plus respectueuse tjin-syang ou tjin-hen ; on garda l'expression tjin-syang pour les legs faits au roi lui-même par les seigneurs Yosinari (1657) et Yositomo (1695). Au Japon, les présents étaient remis au chôgoun, à l'héritier présomptif, aux principaux fonctionnaires de Edo, au seigneur de Tsousima et à ses officiers ; ils étaient offerts au nom du roi, du directeur et du sous-directeur des Rites suivant le rang du destinataire. Les envoyés coréens y joignaient des cadeaux présentés en leur propre nom aux mêmes personnages, et aussi aux fonctionnaires japonais qu'ils rencontraient à Pou-san et pendant le voyage. En Corée, les présents étaient adressés non pas au roi, puisque le seigneur de Tsousima ne pouvait lui écrire, mais au directeur et au sous-directeur des Rites, aux autorités de Tong-rài et de Pou-san ; ces fonctionnaires, et tous ceux qui étaient en rapports avec les envoyés japonais, répondaient par des cadeaux déterminés, offerts en des occasions fixes ; les cadeaux royaux en retour des legs mentionnés plus haut furent particullièrement importants. Ces échanges constituaient en quelque sorte'un trafic réglé ; sans chercher à en estimer la valeur ni à en apprécier les profits de part et d'autre, ce qui serait difficile, je me contenterai d'indiquer les articles les plus importants.

Présents coréens :

Peaux de tigre et de panthère ;
Jen-chen (2 ou 3 livres (1), parfois jusqu'à 50 livres).
Produits comestibles (noix, châtaignes, graines de pin, lichen *syek*, divers poissons. vin etc.).
Nattes à dessins (3, 4 ou 5 ; parfois jusqu'à 50).
Eventails ;
Encre. pinceaux, encriers ;
Papier en rouleaux de diverses qualités ;
Papier huilé ;
Toile blanche de coton (environ 20 pièces, parfois jusqu'à 500) ;
Toile noire de chanvre (environ 7 pièces, parfois 20) ;
Toile blanche d'ortie (10 pièces, parfois 100 pièces) ;
Etoffe blanche de soie (10 pièces. parfois 100 pièces) ;
On reconnaîtra presque tous ces produits comme encore renommés en Corée et à Péking ; il y a peu d'années, la toile coréenne était, disait-on, la seule qui servît à confectionner le linge de l'empereur de Chine.

Présents japonais :

Peaux de singe et de loutre ;
Poivre (200 livres) ;
Bois rouge (300 livres) ;
Bois d'aloès (3 planchettes) ;
Cinabre (5 livres) ;
Produits alimentaires (miel, poissons, bêches de mer) ;
Pièces d'argent (500 pièces) ;
Cierges de cire ;
Tasses, bouteilles, vases en cuivre ;
Tasses. etc., en étain :
Objets en laque (paravents, écritoires, nécessaires pour le thé, porte-manteaux, étagères, vases. lanternes) rouge, jaune, noire, dorée, à dessins.
Echiquiers ;
Vases à fleurs ;
Papier en feuilles ;
Peintures ;
Jugulaires en cristal (en perles de cristal).
La présence du poivre, du bois d'aloès et peut-être aussi du bois rouge montre que le Japon, au XVII° siècle, reçoit des importations du sud de l'Asie. Si l'on compare cette liste aux indications données pour le XV° siècle (p. 4) on remarquera le développement de nouvelles industries japonaises : la variété des produits fabriqués coréens est au contraire moins grande. Il faut noter

(1) Une livre coréenne = 608 grammes (actuellement).

d'ailleurs que des objets rares ou précieux offerts en présent donnent une idée incomplète de la production des deux pays.

VI

Les missions dont j'ai parlé jusqu'ici, missions diplomatiques pourrait-on dire, n'étaient pas les seules. D'après la convention de 1609 (art. 5), le seigneur de Tsousima avait le droit d'envoyer tous les ans vingt jonques munies de passes avec des représentants commerciaux, et d'exporter cent kokou de riz et fèves : c'était une situation moins favorable qu'avant la guerre. Les trois premières jonques portaient chacune un envoyé spécial, deux capitaines, un subrécargue et d'autres officiers ; les suivantes avaient un personnel réduit. L'équipage se composait de quarante hommes ; mais les trois premières jonques (jonques des envoyés spéciaux) et celle de l'envoyé spécial supplémentaire (je parlerai plus bas de cet envoyé) étaient accompagnées chacune d'une jonque annexe (30 hommes d'équipage) et d'une jonque pour l'eau et le bois (20 hommes d'équipage) ; la jonque annuelle première avait une jonque pour l'eau et le bois (15 hommes). Le gouvernement coréen se plaignit en vain de ces infractions fort coûteuses, puisqu'il fournissait des vivres aux envoyés, à leurs officiers et aux équipages. Mais les Japonais persistèrent et la Cour finit par céder ; elle n'admit pourtant jamais les cinq jonques pour l'eau et le bois. La durée de séjour des missions commerciales était limitée à cent dix jours pour les jonques des envoyés spéciaux titulaires et supplémentaire, à quatre-vingt-cinq jours pour les autres jonques (1). Pour les banquets et les diverses cérémonies, les envoyés spéciaux étaient traités comme les envoyés diplomatiques de 1ʳᵉ classe (tai tchäi oa), les autres envoyés commerciaux étaient assimilés aux envoyés diplomatiques de 2ᵉ classe (tchäi oa). La remise des présents officiels donnait lieu à une cérémonie ; les autorités coréennes et japonaises se réunissaient à la concession japonaise dans la salle des banquets ; après les saluts rituels, les présents étaient examinés par les officiers coréens et portés par leurs soins dans la salle royale ; après quoi, les envoyés japonais se rendaient devant la même salle et saluaient la tablette du roi (voir p. 13).

Le gouvernement coréen admit peu à peu au commerce annuel onze autres jonques appartenant en réalité ou nominalement à des sujets du seigneur de Tsousima.

1° Jonque de l'envoyé spécial supplémentaire. En 1611, Tahira no Yanagawa Kagénaho, en raison des services rendus pour rétablir la paix, reçut un sceau coréen avec l'autorisation d'envoyer une jonque par an ; ses envoyés étaient entretenus par le gouvernement. Après la condamnation de son fils Tsougonoki dans les circonstances rappelées plus haut (p. 13), le seigneur de l'île, Yosinari, obtint de substituer à cette mission privée un envoyé spécial supplémentaire (40 hommes d'équipage ; jonque annexe, 30 hommes ; jonque pour l'eau et le bois, 20 hommes).

2° Envoyé muni d'un sceau du Man-chô-in (Man-syong-ouen). Ce temple situé à Tsousima était consacré à la tablette de Sô Yositosi, le seigneur de

---

(1) Jusqu'en 1628, la durée de séjour des envoyés commerciaux ordinaires était seulement de 50 jours.

Tso usima qui avait pris une part active aux négociations de 1598-1609. Par égard pour la mémoire de ce prince, la Cour de Seoul admit à ce titre une jonque annuelle (1622). L'envoyé et l'équipage (40 hommes) étaient entretenus par le gouvernement ; jonque pour l'eau et le bois, 15 hommes.

3° Envoyé muni d'un sceau du Ryou-hô-in (Ryou-pang-ouen). Ce temple est celui de Yanagawa Kagénaho ; le sceau fut accordé en 1622 et repris en 1636 à la suite de la condamnation de Yanagawa Tsougouoki ; rendu en 1638 au seigneur de l'île, le sceau et l'envoyé furent finalement supprimés.

4° Envoyé muni d'un sceau du I-téi-an (I-tyeng-am). En 1611, le bonze Genso, négociateur de 1609, avait fondé cette résidence : après sa mort, un sceau pour le voyage annuel fut accordé à la bonzerie ; retiré en 1636, le sceau fut rendu en 1638 sur la demande du seigneur de l'île. Même équipage et même traitement que pour le n° 2 ; pas de jonque pour l'eau et le bois.

5° Envoyé muni d'un sceau de Tahira no Hikosan. Hikosan était le nom familier du seigneur de Tsousima, Yosinari ; en 1611, son père Yositosi obtint pour lui un sceau pour voyage annuel ; le sceau resta à Tsousima même après l'avénement de Yosinari (1615) et ne fut rendu qu'à sa mort (1657) Jusque-là ce voyage annuel subsista. Même équipage et même traitement que pour le n° 2 ; pas de jonque pour l'eau et le bois.

6° Envoyé muni d'un sceau de Tahira no Yosizané. Le sceau fut accordé quand Yosizané était héritier présomptif de Yosinari : il fut rendu à la Corée à la mort du titulaire (1702). Il n'y eut désormais pas d'autres sceaux accordés par le gouvernement coréen.

7° à 11°. Au rétablissement de la paix en 1609, cinq sujets de Tsousima, pour des services rendus à la Corée, reçurent des grades coréens avec le droit de venir chaque année en personne à Pou-san pour faire transmettre leurs hommages à la Cour, chacun amenant une jonque de commerce. Les documents ne citent de façon intelligible que trois de ces personnages, Houdzi (nom qui semble incomplet) Nagamasa, Tahira no Tomoyosi, Tahira no Noboutoki. A leur mort, le seigneur de Tsousima insista pour annexer ces cinq jonques à celle du premier envoyé spécial ; le gouvernement y consentit, mais supprima les banquets et présents donnés aux officiers de ces jonques.

Les seigneurs de Tsousima, par divers moyens, réussissaient donc à faire passer à Pou-san beaucoup plus de jonques qu'il n'était autorisé par la convention primitive : de même ils surent augmenter la quantité des marchandises importées et exportées. La cargaison des jonques était double, comprenant les présents (tjin-syang, pyel-pok) destinés au gouvernement coréen et les marchandises. La nature et la quantité des présents étaient fixes; les Coréens donnaient des présents également déterminés ; il semble que ceux-ci n'étaient pas toujours remis en nature, puisque le Htong moun koan tji indique la valeur coréenne de ce qui était destiné à chaque jonque ; la Corée payait ainsi pour les présents des jonques de commerce plus de 1140 tong de toile de coton (1) : la pièce, d'une qualité déterminée, était alors estampillée et avait cours légal.

Les marchandises apportées par les envoyés, leur escorte et l'équipage, étaient d'abord l'objet d'un trafic privé, comme je l'ai dit plus haut

---

(1) 1 tong = 50 pièces ; la pièce est de 35 pieds sur 7 pouces (7,10 pied) de large. Le pied officiel pour les étoffes, hpo-påik-tchyek, équivaut à 218 mm.

(p. 8). Ce trafic subsistait au début du XVIII⁰ siècle et il ne semble pas qu'il
ait disparu par la suite : mais les Japonais avaient trouvé moyen d'y joindre
un autre genre d'affaires. Les marchands coréens étant peu nombreux et ti-
mides, une partie des denrées importées restait aux importateurs ; leurs
plaintes et leurs tracasseries décidèrent le gouvernement à se porter ache-
teur : c'est ce qu'on appela les achats officiels, kong-mou. Les fonctionnaires
coréens et les officiers japonais procédaient dans la concession à l'opération
du pesage et de la réception des marchandises qui étaient payées en toile de
coton estampillée. A l'origine, il n'y eut pas de limite fixée à l'importation ;
mais chaque année les Japonais apportaient des cargaisons plus considéra-
bles et, avec menaces, en exigeaient la réception : en 1613, sur l'initiative de
Ri Tchyang-tyeng, magistrat de Pou-san, on établit un maximum pour la
cargaison de chaque jonque (1). Il y eut vraisemblablement des fraudes et,
pour y obvier, le gouvernement coréen exigea (1635) que les jonques vinssent
toutes en deux convois, que les livraisons fussent totalisées.

Le tarif des marchandises japonaises pour les achats officiels fut fixé en
1601, bientôt augmenté de 25 % et augmenté encore de 20 % en 1609 (2).
D'abord payés en toile, les gens de Tsousima demandèrent ensuite à être
payés en grains ; on le leur accorda pour une partie des achats (1635) ; plus
tard (1660, 1680) ils demandèrent davantage. « Tsousima, disaient les envoyés, vivait des grains de la Corée. » Le tarif de conversion de la toile en
grains fut aussi un objet de discussions : le taux du change ayant baissé
de 8 seung (3) pour 40 pieds à 5 seung pour 35 pieds, soit environ de 30 %,
les Japonais se plaignirent tant qu'on leur accorda un dédommagement sur
la longueur et la finesse des pièces. Les autorités coréennes n'entendaient
rien à ces questions de tarif, elles protestaient et cédaient toujours, les concessions faites à titre provisoire devenaient toujours définitives. Les Japonais
n'entreprenaient rien sur l'isolement dont la Corée avait fait un principe ;
mais par leur ténacité et leurs menaces, ils savaient tourner les clauses de la
convention de 1609, inonder la péninsule de denrées « dont le gouvernement
« n'avait que faire et qu'il payait dix fois plus cher que leur valeur commer-
« ciale », disent les auteurs du Htong moun koan tji.

Je trouve dans ce même ouvrage le tableau, au début du XVIII⁰ siècle des
importations et exportations tant au titre pyel-pok (présents) qu'au titre
kong-mou (achats officiels).

Importations totales.

Cuivre	29.373 livres.
Plomb	16.013 livres.
Bois du Brésil	6.335 livres.
Corne noire	400 htong (4).
Poivre	4.400 livres.

(1) Il est donc vraisemblable que le système des achats officiels était antérieur à la
guerre, la reprise des affaires à Pou-san ne datant que de 1611. Le prix du cuivre fut
fixé dès 1601 ; si cette question était traitée au début des négociations, c'est probablement qu'un tarif existait précédemment.

(2) 100 livres de cuivre valant sucessivement 40, 50, 60 pièces de toile.

(3) 1 seung = 1/10 de boisseau.

(4) 1 htong = 6/10 de boisseau.

Alun.. 1.400 livres.
Cinabre.................... .... 8 livres.
Écritoires à dessins................ 2
Papier................... .... 3 rouleaux.
Paravents dorés................... 1 paire.
Bassin et plateau en cuivre........ . 1 assortiment.
Boite à papier en laque noire 1
Jugulaire en cristal.... .... 1 pièce.
Dessins en couleurs................ 7 feuilles.
Miroirs 2
Pipes en faux argent............... 10

Exportations au titre kong-mou

Toile de coton estampillée, 1148 tong 5 pièces 20 pieds 5/10 pied (1).

Exportations au titre pyel-pok (extrait).

Faucons........................... 58 assortiments (2
Jen-chen............................ 32 livres.
Peaux de tigre...................... 13
Peaux de panthère........ 17
Toile blanche d'ortie................ 40 pièces.
Étoffe blanche de soie.............. 32 pièces.
Toile noire de chanvre.............. 32 pièces.
Toile blanche de coton .... 65 pièces.
Pinceaux.......................... 475
Encre............................. 475 pains.
Nattes à dessins.................... 110
Papier blanc....................... 77 rouleaux.
Papier à parapluies................. 29 rouleaux et 10 feuilles.
Chiens............................. 5
Éventails.......................... 80
Miel.............................. 22 boisseaux.
Graines de pin..................... 67   »
Noix.............................. 67   »
Jujubes............................ 67   »
Châtaignes......................... 67   »
Noisettes.......................... 31   »
Riz............................... 50 syem.
Fèves............................. 50 syem

(1) A partir du milieu du XVII° siècle, 300 tong furent convertis en riz à raison de 12 boisseaux par pièce ; en 1630, on convint que 400 tong seraient convertis en 16.000 syem.

(2) Les assortiments de faucons furent convertis par moitié en 17 tong 20 pièces de toile et 435 svem de riz.

Entretien des équipages, réception des envoyés (extrait).

Riz..........................	2041 syem 14 boisseaux.
Fèves........................	637 syem 1 boisseau.
Huile........................	16 syem 1 boisseau.
Miel.........................	4 syem 6 boisseaux.
Poissons frais divers........	16487 pièces.
Poisson conservé.............	2273 paquets.
Bêche de mer.................	31 syem 4 boisseaux.
Faisans séchés...............	171
Poulets......................	1655
Porcs........................	73
Œufs.........................	7440
Poires.......................	1911
Kaki.........................	6162
Kaki séchés..................	613 paquets.
Graine de moutarde..........	30 boisseaux.
Gingembre frais	1 boisseau.
Sauce (chôyou)...............	1 syem.
Sauce (autre variété)........	32 boisseaux.
Sel.........................	10 syem 6 boisseaux.

Ces listes ne pourraient être étudiées complètement qu'en Corée où l'on aurait chance d'identifier tous les produits indiqués.

Les prix suivants, qui paraissent être ceux de 1609, sont intéressants à noter.

100 livres de	cuivre	valent de 40 à	60	pièces de coton
100	—	plomb	200	...
100	—	poivre	100	—
100	—	bois du Brésil	33	—
100	—	alun	13	—
1 dizaine de boisseaux	corne noire	....	3	—

En 1698 et en 1711, Tsousima proposa de faire une partie des achats en monnaie d'argent : la Corée s'y refusa. Depuis lors, je trouve quelques notes sur des difficultés pour la qualité et la quantité des marchandises ; mais aucun changement dans le trafic n'est noté jusqu'en 1876. Des articles publiés par le *Korea Review* (Korean relations with Japan, 1903) sans signature, fournissent quelques faits ultérieurs ; mais l'éditeur ne donne aucune indication au sujet du manuscrit coréen dont il se sert, dans les parties qui coïncident avec le Htong moun koan tji, la traduction du *Korea Review* est pleine d'erreurs grossières : je ne puis donc faire fonds sur ce travail et je m'en tiens au Htong moun koan tji, dont le manuscrit coréen cité ne paraît être qu'un extrait plus ou moins inexact.

VII

Après la guerre, dès que les relations reprirent avec Tsousima (1609), les Japonais commencèrent de reconstruire leurs établissements sur l'ancien emplacement ; les travaux furent achevés en 1618. S'y trouvant à l'étroit, ils demandèrent (1672) de transférer leur concession autre part ; les autorités coréennes s'y opposèrent, les chefs des Japonais se présentèrent à la préfecture de Tong-rài, refusèrent de rentrer dans la concession, pénétrèrent sur le territoire d'autres districts ; il fallut que le seigneur de Tsousima intervînt et punît les instigateurs des troubles. En 1678, le gouvernement autorisa le transfert à Tcho-ryang-hang sur une pointe en face de l'île de Tjyel-yeng, dans un site plus éloigné du village coréen que l'ancienne concession. C'est là que les Japonais restèrent désormais.

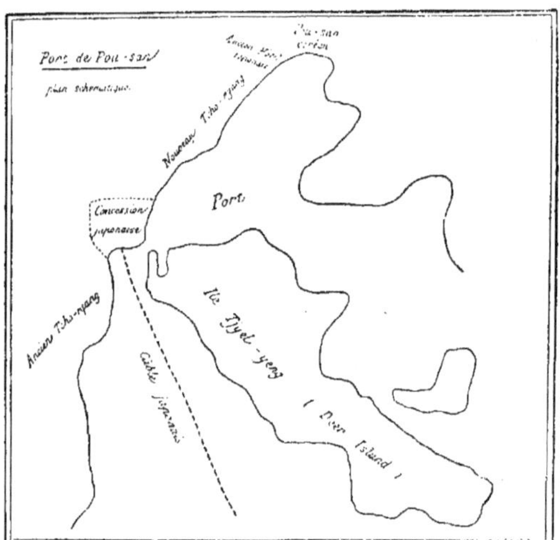

Le terrain, en bordure de deux côtés sur la baie, avait de l'ouest à l'est 372 pas et 4 pieds, du sud au nord 256 pas (1). A l'ouest, étaient situés les trois hôtels où logeaient les envoyés, Tong koan, Tjyoung koan et Syc koan, comprenant chacun plusieurs salles et couvrant chacun 112 kan de terrain (2). Plus à l'est, se trouvaient les bureaux et la résidence des officiers résidents japonais (48 et 32 kan), la grande salle des ventes (40 kan), la salle des banquets

(1) 1 pas coréen, po = 6 pieds de 200 mm. soit 1 m. 20. Les dimensions de la concession auraient donc été 447 m. 2 × 307 m. 2 ou plus de 13 hectares, la forme n'étant pas exactement rectangulaire.

(2) 1 kan est un carré de 8 pieds de côté ; il s'agit ici du pied yeng-tjo = 296 mm. 1 kan = 5 m. q. 60.

(32 kan), la salle des réunions d'affaires (25 kan). Les portes, les corps de garde, les maisons et autres bâtiments faisaient ensemble 830 kan. Le mur d'enceinte haut de 6 pieds avait un développement de 1273 pas. Toutes ces constructions furent élevées par les Japonais (1). Quant à la salle où les envoyés allaient saluer la tablette royale, elle était située hors de la concession, à cinq ri à l'est.

Le seigneur de Tsousima mettait à l'ou-san sur la concession quelques officiers. Le commandant de la concession (koan-syou oa, *japonais* kwan-djou) avait été établi en 1639, au moment où les difficultés entre le seigneur Yosinari et Yanagawa Tsougouoki faisaient craindre quelques troubles; chargé de faire observer les règlements coréens et japonais, il avait trois lieutenants et commandait les keum-to oa (*japonais*: kin-to) au nombre de vingt-deux. Ces derniers étaient changés tous les ans, le commandant restait deux ans en charge; sa mission donnait lieu à un échange de présents. Vingt-quatre intendants (tài-koan oa, *japonais* daikwan), depuis 1635, surveillaient le trafic officiel, prenaient livraison du coton et du riz, s'occupaient de la correspondance; en 1684, on n'en laissa que dix; leur charge était de trois ans. Une petite bonzerie (tong-hyang sà, *japonais* tô-kô zi) était desservie par un bonze (sye-seung oa, cho-zò) qui rédigeait une partie des lettres officielles et était remplacé tous les trois ans. Deux interprètes (htong sà oa, *japonais* tsoû-zi) furent ajoutés en 1693; ils restaient trois ans en charge. Seuls les commandants recevaient des présents officiels; les autres officiers n'avaient droit qu'à du combustible pour leur usage. Il semble que des impôts divers, droits de pêche et autres, fussent payés au gouvernement coréen.

Quelquefois, les officiers japonais, prenant la tête de leurs compatriotes, essayèrent de violenter les autorités coréennes. J'ai parlé plus haut de la sédition de 1672. En 1652, à propos du règlement qui interdisait aux marchands de trafiquer autre part que dans la salle publique des ventes, l'un des intendants, avec quatre-vingt-dix résidents, se rendit à la préfecture; on dut l'arrêter et se plaindre à Tsousima. Dans ce cas comme dans l'autre, le seigneur semble avoir fait droit aux réclamations coréennes; de même en 1725, il interdit sous des peines graves tout commerce clandestin avec la Corée.

En 1639, lors de l'installation du premier commandant japonais, les règlements coréens furent inscrits sur une planche érigée à la porte de la concession. En 1653, de nouveaux règlements furent édictés en même temps par Tsousima et par la Corée. Tout trafic ayant lieu hors des salles publiques est considéré comme clandestin et interdit. — Il est interdit d'emprunter aux Japonais, tout le trafic se bornant au troc. — Toutes relations privées, tous entretiens sur des matières étrangères au trafic sont interdits et châtiés comme divulgation d'affaires officielles. — Les portes de la concession sont gardées par des soldats coréens; peuvent entrer seules les personnes munies de passes. — Les Japonais résidents ne peuvent dépasser le ruisseau qui est devant la concession; s'ils entrent en rapport avec des Coréens pour tout au-

(1) Le plan annexé à la convention du 30 janvier 1877 montre la concession presque carrée, les deux côtés est-ouest (E. N. E. — O. S. O.) un peu plus courts que les deux autres. Un monticule occupe le centre du terrain, un autre forme un cap, au s. e.; les hôtels sont à l'ouest et à l'est du premier monticule. Les dimensions portées pour les quatre côtés indiquent une figure différant sensiblement du rectangle; la surface serait plus considérable que d'après les documents coréens.

tre objet que pour l'achat des provisions de bouche quotidiennes, ils sont passibles de bastonnade (règlement coréen). — Défense de prêter aux Coréens. — Défense de se servir de balances inexactes. — Défense de falsifier l'argent. — Défense aux Japonais d'aller et venir sans passe. — Défense de vendre des armes ou des objets interdits. — Défense d'avoir des querelles avec les Coréens. — Ordre de les traiter avec la plus grande politesse. — Défense de sortir sans autorisation du commandant (règlement japonais).

Un règlement de 1683 fut gravé sur une stèle érigée à la limite de la concession. J'en connais deux textes analogues ; l'un est donné par l'Historique de la Cour des Interprètes ; l'autre est l'estampage de la stèle qui est aujourd'hui conservée au consulat japonais de Pou-san (1). Ce règlement rappelle les défenses relatives au commerce clandestin, à l'interdiction de franchir les limites de la concession, etc. ; il ajoute que les châtiments seront appliqués aux coupables coréens ou japonais, devant la porte de la concession ; il fut signé par cinq officiers japonais. Un règlement annexe, édicté en 1711 à propos de faits de 1707, punit de mort ou de bannissement tout Japonais qui aura violé ou séduit une femme coréenne, la femme est passible d'une peine inférieure d'un degré.

VIII.

Telle fut la situation jusqu'en 1876. Depuis 1868, le Japon impérial faisait des avances à la Corée, mais celle-ci se refusait à recevoir des lettres intitulées décret ou ordre ; sa méfiance usuelle contre les Japonais était doublée du fait des relations nouées par ceux-ci avec les barbares. Deux envoyés japonais, Kouroda Kiyotaka et Inoouhé Kahorou, soutenus par un corps de débarquement, obtinrent le traité de Kang-hoa (26 février 1876). La Corée eût pu y voir un succès diplomatique puisqu'elle y est déclarée puissance indépendante et égale au Japon (art. 1er) ; elle y vit surtout la fin de son isolement, l'ouverture du pays aux Japonais. Le Japon avait le droit d'envoyer à Seoul un ministre (art. 2), dans les ports ouverts, des consuls (art. 8) ayant juridiction sur leurs nationaux (art. 9 et 10). Le commerce entre Japonais et Coréens était soustrait à toute immixtion des autorités (art. 9), il devenait libre sous des règlements commerciaux à établir d'un commun accord (art. 11) (2). Toutes règles et tous précédents contraires aux nouvelles relations d'amitié étaient abolis (art. 1) et spécialement tous les usages relatifs à la concession et au commerce de Pou-san (art. 4).

Cette ville et deux autres ports à désigner ultérieurement devaient être ouverts au commerce ; les sujets japonais devenaient libres d'y louer des terrains, d'y élever des constructions, de louer des constructions appartenant à des Coréens (art. 4). Une convention du 30 janvier 1877 régla la remise de la concession de Pou-san, y compris la plupart des constructions, au gouvernement japonais qui s'engagea à payer un loyer annuel de cinquante yens

(1) Je dois cet estampage à la bienveillance de M. Collin de Plancy, Ministre de France en Corée.

(2) Une double notification du 14 octobre 1876 fit connaître à tous les commerçants japonais qu'ils avaient le droit d'aller trafiquer à Pou-san et que les privilèges de Tsousima étaient abolis.

et assuma l'administration du territoire concédé. Les portes et barrières de la concession furent supprimées, les Japonais ayant le droit d'aller et venir sans passeports dans un rayon de dix ri coréens (environ quatre kilomètres), de se rendre même hors de ce rayon jusqu'à Tong-rài, de louer à leur gré les services de sujets coréens (articles additionnels du 24 août 1876). Par la suite (1882, 1883) les limites de libre circulation furent étendues jusqu'à cent ri coréens et des passeports furent accordés pour voyager dans l'intérieur.

La concession japonaise étendue par des remblais, est administrée par un conseil municipal que préside le consul ; celui-ci a sous ses ordres une police municipale. Le port a un commissaire des douanes depuis 1883 ; il a été ouvert aux diverses puissances au fur et à mesure des traités. Les commerçants japonais sont de beaucoup les plus nombreux et presque toutes les affaires sont dans leurs mains. Un câble relie Pou-san à Nagasaki depuis 1883 ; la ligne télégraphique Pou-san-Seoul a été ouverte le 9 juillet 1888. Une voie ferrée vers Seoul est construite depuis le 20 août 1901 par une compagnie japonaise ; elle devait être achevée en 1905. Le port est desservi par diverses lignes de navigation, Nippon yousen kwaicha, Osaka (1) chôsen kwaicha, Cⁱᵉ des chemins de fer de l'Est chinois, et réuni ainsi à Nagasaki, Ouen-san, Vladivostok, Chang-hai, Tchémoulpo, Tchi-feou, Thien-tsin, Dalny, Nieou-tchwang.

Le port de Ma-san-hpo (p. 2, note 2) ouvert le 1ᵉʳ mai 1899 est plus éloigné de l'embouchure du Rak-tong, mais d'un accès plus facile pour les jonques qui descendent le fleuve, la route étant protégée par des îles ; sa rade est magnifique et très protégée. Ma-san-hpo est donc une menace pour l'avenir de Pou-san ; ce port semble toutefois assuré encore de nombreuses années de prospérité par les habitudes prises, par les travaux faits, surtout par la prochaine ouverture de la voie ferrée dont il est la tête.

Situation en	1885	1893	1900	1901	1902
	en $	en $	en yens	en yens	en yens
Pou-san, commerce extérieur (importation)......	335.789	855.171	2.216.023	2.718.226	2.711.204
Pou-san, commerce extérieur (exportation)......	184.474	854.438	3.326.936	3.105.903	2.607.876

Pou-san, valeur totale du commerce extérieur en 1882 environ 2.000.000 $.

	1883	1900	1901
Pou-san, population étrangère (total).	environ 1500	6.005	7.048
(Japonais)......	environ 1500	5.903	6.916

		1900	1901	1902
Ma-san-hpo, commerce extérieur (importation)........................	ouvert le 1ᵉʳ mai 1899	13.687	45.615	32.979
Ma-san-hpo, commerce extérieur (exportation)........................		6.204	19.731	71.895

(1) O long.

Principaux articles d'exportation pour toute la Corée (valeurs).

	1885 en $	1893 en $	1900 en yens	1901 en yens	1902 en yens
Riz	15.691	367.165	3.625.629	4.187.353	3.524.619
Fèves	28.884	628.324	2.368.545	1.890.674	1.818.081
Blé	»	1.634	109.978	36.070	176.561
Bétail sur pied	»	9.791	150.701	169.349	189.863
Peaux de bœuf	282.357	274.682	624.129	650.415	693.715
Jen-chen rouge	(1886) 5.325	»	1.547.400	515.955	1.198.093
Poisson sec et salé	1.025	151.801	177.708	145.114	82.458
Chair et graisse de ba- leine	»	134	189.383	223.911	46.416
Cuivre affiné	»	»	104.162	9.509	1.154
Or	(1886) 1.130.488	918.659	3.633.050	4.993.351	5.064.106 (1)

Maurice COURANT.

(1) Je dois signaler que, dans mon article *La Corée*, des Guides Madrolle, Chine du Nord (texte et cartes), il subsiste plusieurs erreurs de dates et de noms, le tirage ayant été fait sans que j'aie été consulté ; j'ai eu l'occasion dans le présent article de corriger quelques-uns des points erronés.

Clermont (Oise). — Imp. Daix frères.